VEGAN
BACKEN
MIT
ÖLEN

Kristina Unterweger

Basics

Plätzchen und Kleingebäck

Muffins & Co.

Torten, Törtchen, Tartelettes

Kuchen

Brote

Einleitung

Helfer in der Backstube

Digitalwaage ist unerlässlich, da sie auch kleine Mengen genau anzeigt.

Stabmixer ist wichtig zum Zerkleinern und Pürieren (kann sogar die Küchenmaschine ersetzen).

Handmixer ersetzt die „Handarbeit" mit dem Schneebesen.

Nussmühle gibt es auch als Zusatz bei der Küchenmaschine. Aber auch eine kleine, alte, elektrische **Kaffeemühle** kann zum Einsatz kommen, wenn sie funktioniert! Sie mahlt nicht nur Nüsse bzw. Kaffeebohnen, sondern auch Reis, Quinoa, Hirse, Gerste, Hafer(flocken), Maisgrieß, groben Vollrohrzucker, grobe Vollkornmehle und Sesam fein-pudrig.

Teigroller, am besten aus Holz, ist unverzichtbar.

Backpinsel dürfen nicht „haaren" und sollen daher von guter Qualität sein.

Teigspatel sind am besten aus hitzebeständigem Silikon.

Dressiersack gibt es auch als Einwegmodelle. Dazu noch einige verschieden große, glatte und gezackte Tüllen und dem kreativen Verzieren von Backwaren steht nichts mehr im Weg.

Backformen sollten in verschiedenen Ausführungen vorhanden sein: Tortenform (Springform in 2 verschiedenen Größen), Gugelhupfform bzw. Kranzform, Kastenform (in 2 verschiedenen Größen), Muffinblech (ersatzweise 3 ineinander gestellte Manschetten), Tarteform (ideal mit herausnehmbarem Boden und in 2 verschiedenen Größen), backofenfeste Cupcakeförmchen, Plätzchenausstecher, 2 Backbleche.

Rührschüsseln in verschiedenen Größen (2–3 Stück) sind notwendig, um nicht zwischendurch abwaschen zu müssen.

Gute Tipps

Backformen sollen immer nur bis zu ⅔ bzw. ¾ mit dem Teig befüllt werden. Die Masse dabei an den Rändern hochstreichen, damit das Backwerk nach dem Backen keinen „Buckel" hat.

Mürbteig: Wenn er bröselt, muss tropfenweise kaltes Wasser eingeknetet werden (auch wenn es nicht im Rezept steht). Wenn er jedoch zu klebrig ist, muss einfach noch mehr Mehl dazu! Mürbteige sollen, in Klarsichtfolie gewickelt, im Kühlschrank ruhen.

Rührteig: Man sollte ihn sofort in vorbereitete Formen füllen und gleich in den vorgeheizten Backofen geben.

Germteig: Alle Zutaten sollen beim Verarbeiten handwarm sein. Den Teig immer so lange kneten bzw. abschlagen, bis er sich vom Kochlöffel oder Handballen löst. Germteige sollen mit einem Baumwolltuch zugedeckt an einem warmen Ort ruhen, damit sich das Volumen vergrößert. Durch zweimaliges Ruhen wird der Teig noch feinporiger.

Backpapier erspart das Einfetten des Backblechs und verhilft einer Torte zu einer perfekten Oberfläche, wenn man es zwischen Tortenboden und Tortenring einspannt.

Fast jedes Backwerk kommt in den **vorgeheizten Backofen**. Da jedoch alle unterschiedlich heizen, können Temperatur- und Zeitangaben ein wenig variieren. Wichtig ist daher, dass bei Kuchen und großen Backwaren die **Stäbchenprobe** gemacht wird. Dafür gegen Ende der Backzeit mit einem Holzspieß vorsichtig in die Mitte stechen. Bleiben beim Herausziehen feuchte Krümel daran kleben, noch ein wenig weiter backen lassen. Die Stäbchenprobe danach einfach nochmals durchführen. Bei Plätzchen entfällt sie. Hier auf Augen und Nase vertrauen.

Großes Backwerk (Kuchen, Torten, Stollen, …) immer auf dem Kuchengitter auskühlen lassen. Kleingebäck (Plätzchen, Makronen, …) soll hingegen sofort vom Blech genommen werden, außer es ist im Rezept anders angegeben.

Torten und Kuchen sollten relativ rasch nach dem Backen verzehrt werden. Plätzchen hingegen können länger aufbewahrt werden. Trocken sollen Kekse gelagert werden, die knusprig bleiben sollen oder „karamellig" sind. Dafür ungekochten Reis auf den Boden einer gut verschließbaren Keksdose streuen, Backpapier darüber legen und die Kekse hineinlegen. Kekse hingegen, die saftig und weich bleiben sollen (wie z. B. Lebkuchen), am besten zusammen mit einem Apfel in einer gut verschließbaren Dose aufbewahren. Die meisten Backwaren lassen sich gut einfrieren und halten sich dann bis zu 6 Monaten. Dafür gibt man sie vorzugsweise in aromadichte Kühlbehälter.

Backzutaten

Sie sollten am besten **regional**, **saisonal** und in **Bio-Qualität** sein.

Pflanzenmilch und -cuisine sind nicht nur Milchersatz, sondern köstlich und gesund.

Bio-Nüsse werden nicht mit Giften gespritzt bzw. nach der Ernte chemisch behandelt oder gebleicht.

Bio-Früchte, auch getrocknet, haben einen besonders intensiven Geschmack, weil sie vollreif geerntet werden und nicht mit Spritzgiften behandelt wurden.

Bio-Hefe funktioniert ohne Herstellung eines Vorteigs.

Bio-Sauerteig, flüssig oder getrocknet, ist sofort backbereit.

Bio-Weinsteinpulver ist phosphatfrei und enthält nur Natron, Maisstärke und natürlichen Weinstein.

Bio-Aromen, wie Bourbon-Vanillezucker, Zitronen- bzw. Orangenschale, getrocknete Kräuter und Gewürze geben Backwaren besonders feine, aber durchaus intensive Geschmacksnoten.

Leinsamen, fein gemahlen und in wenig Wasser ca. 5 Minuten quellen gelassen, ist ein sehr guter und gesunder Eiersatz.

Öle, besonders neutrale Öle, aber auch Olivenöl, eignen sich vorzüglich zum Backen. Rapsöl passt in jedes Backwerk. Es wird aus heimischer Rapssaat gepresst und ist reich an ungesättigten Fettsäuren (mit einem hohen Gehalt an Omega-3-Fettsäuren). Ein weiterer Vorteil von Ölen ist, dass man nur die halbe Menge im Vergleich zu Margarine benötigt.

Zucker ist immer ein ganz spezielles Thema in der Vollwertküche. Vollrohrzucker (fein gemahlen in der Nuss- oder Kaffeemühle) ist eine gute Möglichkeit, Süßes halbwegs gesund zu genießen. Vollrohrzucker ist nicht raffiniert und daher noch reich an Vitaminen des B- und E-Komplexes, sowie an Eisen, Magnesium, Kalium und Calcium. Alternativ kann man gut Ahornsirup und Agavendicksaft (Agavenzucker) verwenden. Birkenzucker ist eine Alternative, wirkt in großen Mengen aber abführend.

Bio-Vollkornmehle haben alle Mineralstoffe und Vitamine aus Keim- und Randschichten. Am besten sind sie frisch gemahlen aus der Getreidemühle. Bereits gemahlene Mehle halten dunkel und kühl gelagert ca. 8 Wochen. Sie sind nicht typisiert, sondern werden in Mahlgraden (z.B. fein gemahlen) angegeben.

Reis, Quinoa, Gerste, Hirse, Hafer(flocken), Maisgrieß, usw. halten gut und lange. Viele davon kann man als Schrot oder Mehl kaufen. Meist benötigt man nur kleine Mengen, deshalb selbst so viel mahlen, wie das Rezept angibt (Kaffeemühle!).

Marmelade/Konfitüre

1 kg Früchte
(z.B. Himbeeren,
Erdbeeren, Aprikosen,
entsteint, …)
400 g Süßungsmittel
(Vollrohrzucker,
fein gemahlen oder
Agavensirup)
Gelierfix 2 : 1
(bestehend aus Apfel-
pektin, Zitronensäure
und Kartoffelstärke)

1. Reife Früchte waschen, klein schneiden und mit dem Süßungsmittel mischen.

2. Mit Stabmixer pürieren. Gelierfix gut unterrühren.

3. In einem großen Topf unter ständigem Rühren aufkochen (brennt sehr schnell an) und ca. 5 Minuten köcheln lassen (rühren, rühren!).

4. Vorbereitete Gläser nochmals heiß ausspülen, Deckel ca. 5 Minuten köcheln lassen und die Marmelade randvoll einfüllen.

5. Gut verschließen, 10 Minuten kopfüber stellen und auskühlen lassen.

Wenn man auf das Gelierfix verzichten möchte, lässt man die Marmelade einfach 20–25 Minuten köcheln (ständig rühren!). Mit einem kleinen Löffel einen kleinen Klecks Marmelade auf einen Teller geben und so die Gelierprobe machen. Wenn die Marmelade nicht in 1–2 Minuten geliert, muss man sie noch etwas länger köcheln lassen.

Cashewsahne

200 g Cashews
100–200 ml
Mandelmilch

1. Cashews über Nacht in reichlich Wasser einweichen. Cashews in einem Sieb gründlich mit frischem Wasser abbrausen.

2. Mit Pürierstab oder im Mixer mit Mandelmilch sahnig pürieren. Will man die Sahne dünnflüssiger, etwas mehr Flüssigkeit beifügen. Nach Belieben süßen.

Kokossahne

1 Dose Kokosmilch,
400 g (nicht fettarm)
50 g Agavenzucker

1. Dose über Nacht in den Kühlschrank stellen. Sahne sammelt sich obenauf.

2. Mit einem Löffel abschöpfen und dem Handrührgerät aufschlagen, dabei Zucker langsam einrieseln lassen.

3. Mit Folie bedecken und im Kühlschrank ruhen lassen. Die Sahne festigt sich, je länger sie kühl steht. Man kann sie aber auch mit 1 TL Johannisbrotkernmehl etwas andicken.

Apfelmus

1 kg Äpfel
(nicht zu süß)
50 g Vollrohrzucker
1 EL Zitronensaft
100 ml Wasser

1. Äpfel gut waschen, Kerngehäuse ausstechen und in Würfel schneiden.

2. Mit Zitronensaft und Zucker mischen.

3. Mit Wasser aufkochen und bei kleiner Hitze fertig dämpfen. Mit dem Stabmixer pürieren.

Nussmus

200 g Haselnüsse

1. Haselnüsse auf ein Backblech geben und im vorgeheizten Backofen bei 150 °C ca. 10–15 Min. rösten. In ein Küchentuch geben, fest zusammendrehen und die Nüsse gegeneinander reiben, damit sich die Schale löst.

2. Grob hacken, dann feinst mahlen, bis eine ölige Masse entsteht.

3. Nach Geschmack mit etwas Vanille, Zimt oder Kakao abschmecken oder pur genießen.

TIPP:
Schneller geht es mit bereits gerösteten und gemahlenen Haselnüssen aus der Packung.

Schokoganache dunkel/hell

100 g Schokolade, 80%
100 ml Mandelcuisine
oder
100 g Reismilch-schokolade
100 ml Mandelcuisine

1. Schokolade grob zerkleinern.

2. Cuisine in einem kleinen Topf aufkochen, vom Herd ziehen und die Schokolade darin verrühren , bis sie geschmolzen ist und die Ganache eine glatte Oberfläche hat. Wenn sie dicker oder dünner gewünscht wird, einfach mehr oder weniger Schokolade verwenden.

Nougat

150 g Mandeln
70 g Vollrohrzucker
80 g Schokolade, 70 %

1. Mandeln in Wasser kurz aufkochen, mit kaltem Wasser abschrecken und die Haut abziehen.

2. Mandeln fein mahlen, bis sie zu einer öligen Masse werden. Zucker dazugeben und weiter mahlen, bis alles feinst bröselig ist.

3. Schokolade im Wasserbad schmelzen und mit der Mandelzuckermasse gut verkneten. Die Farbe und Konsistenz des fertigen Nougats sollte einheitlich sein.

4. In Folie wickeln und kühl aufbewahren.

Wenn anstelle der Mandeln Haselnüsse verwendet werden, diese auf ein Backblech geben und im vorgeheizten Backofen bei 150 °C ca. 10–15 Minuten rösten. Anschließend in ein Geschirrtuch packen, dieses eng zusammendrehen und die Nüsse gegeneinander reiben, damit sich die Schale löst.

Orangensirup

150 ml Orangensaft, frisch gepresst
80 g Agavensirup

1. Orangensaft und Agavensirup aufkochen und bei kleiner Hitze so lange köcheln lassen, bis die Flüssigkeit sirupartig eindickt.

2. In ein kleines, verschließbares Glas füllen.

Kann immer wieder im Wasserbad erwärmt werden.

Schokoladenkipferln

1½–2 Backbleche

180 g Weizenvollkorn-
mehl, fein gemahlen
5 g Weinsteinback-
pulver
½ TL Natron
1 P. Salz
75 g Vollrohrzucker,
fein gemahlen
½ TL Vanille
30 g Kakao
10 g Leinsamen,
gemahlen in 100 ml
Wasser
60 ml Rapsöl oder
Sonnenblumenöl

100 g Nüsse, gehackt

1. Mehl mit Backpulver und Salz versieben.

2. Zucker mit Vanille und Kakao mischen.

3. Leinsamen ca. 5 Min.im Wasser quellen lassen, dann mit Öl verrühren.

4. Alle Zutaten zu einem Teig verkneten, notfalls esslöffelweise mit kaltem Wasser (zu bröselig) oder etwas Mehl (zu klebrig) korrigieren. In Folie wickeln und 2 Stunden im Kühlschrank rasten lassen.

5. Backofen auf 190 °C vorheizen.

6. Teig vierteln, auf einer bemehlten Arbeitsfläche zu Rollen formen.Kleine Stücke abschneiden und Kipferln formen. Oberfläche mit Wasser bepinseln.In einen flachen Teller die gehackten Nüsse geben und die Kipferln mit der feuchten Seite vorsichtig reindrücken.

7. Auf ein mit Backpapier ausgelegtes Blech geben und auf mittlerer Schiene ca. 10 Min. backen. Auskühlen lassen und vom Blech nehmen.

Nougatblumen
2 Backbleche

150 g Vollkornmehl, fein gemahlen (Dinkel oder Weizen)
5 g Weinsteinbackpulver
½ TL Natron
1 P. Salz
120 g Nougat (siehe Rezept Seite 12)
1 TL Vanille
10 g Leinsamen, gemahlen in 50 ml Wasser
60 ml Rapsöl
3–4 EL Wasser, eiskalt
Mehl zum Ausrollen
Orangensirup zum Bestreichen (siehe Rezept Seite 13)
Aprikosenmarmelade (siehe Rezept Seite 7)

1. Nougat nach Rezept zubereiten.

2. Mehl mit Backpulver, Natron und Salz versieben.

3. Leinsamen ca. 5 Min. im Wasser quellen lassen und mit dem Öl verrühren.

4. Alle Zutaten rasch miteinander verkneten, notfalls mehr Wasser oder Mehl einarbeiten. Teig sollte nicht klebrig oder bröselig sein. In Folie wickeln und 2 Stunden in den Kühlschrank stellen.

5. Orangensirup zubereiten.

6. Backofen auf 190 °C vorheizen.

7. Teig auf einer bemehlten Arbeitsfläche ausrollen und mit kleiner Blütenform Plätzchen ausstechen, Hälfte mit und Hälfte ohne „Guckloch".

8. Auf ein mit Backpapier ausgelegtes Backblech geben und die Plätzchen mit „Guckloch" mit Orangensirup bestreichen. Auf mittlerer Schiebeleiste ca. 8–10 Min. backen und auskühlen lassen.

9. Plätzchen mit erwärmter Aprikosenmarmelade bestreichen und jeweils eines mit Guckloch draufsetzen. Trocknen lassen.

Zwieback

2 Kastenformen, 15 cm mal 8 cm

120 g
Vollkornmehl, fein
gemahlen (Dinkel oder
Weizen)
130 g Haferflocken
9 g Weinsteinback-
pulver
1 P. Salz
½ TL Vanille
75 g Ahornsirup
175 ml Hafermilch
3 g Leinsamen,
gemahlen in 50 ml
Wasser
30 ml Rapsöl

1. Backofen auf 180 °C vorheizen. Kastenformen mit Öl ausstreichen und bemehlen.

2. Haferflocken zu Mehl mahlen und mit Vollkornmehl, Salz
und Backpulver versieben. Leinsamen ca. 5 Min. im Wasser
quellen lassen und mit Öl verquirlen, Ahornsirup mit Vanille
und Hafermilch vermengen.

3. Alle Zutaten zügig mit einem Löffel verrühren und auf die
Backformen verteilen. Auf mittlerer Schiene auf dem Gitterrost 30 Min. backen.

4. Abkühlen lassen, aus der Form nehmen und in 1 cm dicke
Scheiben schneiden. Diese mit der breiten Seite auf ein mit
Backpapier ausgelegtes Blech legen und bei 130 °C nochmals
30 Min. backen. Gut verschlossen und trocken aufbewahren.

Cracker
1 Backblech

200 g Vollkornmehl, fein gemahlen (Dinkel oder Weizen)
2 TL Salz
1 Msp. Pfeffer, frisch gemahlen
½ TL Chiliflocken, gemahlen
1 TL Rosmarin, getrocknet
2 TL Kümmel, ganz
7 EL Olivenöl
100 ml Wasser

1. Backofen auf 180 °C Umluft vorheizen. Backblech mit Backpapier auslegen.

2. Mehl mit Salz und Gewürzen vermischen, Öl mit Wasser verquirlen und mit dem Mehlgemisch verkneten.

3. Arbeitsfläche mit Mehl einstreuen und den Teig millimeterdünn ausrollen. Mit dem Teigroller auf das Backblech abrollen und auf mittlerer Schiene 12–15 Min. knusprig backen.

4. Auskühlen lassen und in Stücke brechen.

Nusskrokantriegel
1 Backblech

200 g Dinkelvollkorn-
mehl, fein gemahlen
70 g Maisgrieß
80 g Quinoa
80 g Haferflocken
60 g Sesam
25 g Pistazien
70 g Walnüsse
40 g Cranberries,
getrocknet
30 g Ananas,
getrocknet
60 g Agavensirup
60 ml Rapsöl oder
anderes neutrales Öl
ca. 310 ml Wasser

1. Backofen auf 170 °C vorheizen.

2. Pistazien und Nüsse hacken, Quinoa und Mais schroten, Cranberries und Ananas klein schneiden.

3. Haferflocken und Sesam ohne Öl in einer beschichteten Pfanne leicht anrösten (Achtung, verbrennen sehr schnell!).

4. Agavensirup und Öl verrühren.

5. Alle Zutaten mit einem Löffel mischen, dann langsam das Wasser unterrühren, bis alles zusammenhält.

6. Backblech mit Backpapier belegen und die Masse gleichmäßig aufstreichen. Auf mittlerer Schiebeleiste 25–30 Min. backen. Noch heiß mit einem scharfen, in Wasser getauchten Messer in Riegel schneiden.

Madeleines
Backform mit 12 Madeleines

50 g Hartweizenmehl
50 g Reis
5 g Weinstein-
backpulver
50 g Vollrohrzucker,
fein gemahlen
1 TL Vanille
½ TL Orangenschale
50 g Mandeln
30 ml Mandelcuisine
60 ml Rapsöl

1. Backofen auf 180 °C vorheizen. Madeleineförmchen mit Öl ausstreichen und bemehlen.

2. Reis fein mahlen und mit Hartweizenmehl, Backpulver und Salz versieben. Mandeln in Wasser kurz aufkochen, in ein Sieb schütten, mit kaltem Wasser abbrausen und die Haut abziehen. Kurz im Backofen trocknen lassen und mahlen. Öl mit Mandelcuisine verquirlen, Zucker mit Vanille und Orangenschale mischen und den Mandeln vermengen.

3. Alle Zutaten rasch zu einem Teig verkneten und in die Förmchen drücken, dabei keinen Teig überstehen lassen.

4. Auf mittlerer Schiebeleiste 8–10 Min. backen. Abkühlen lassen und aus der Form klopfen.

Gerstenmehlcupcakes mit Datteltopping
8 Stück

240 g Gerste, fein
gemahlen oder
Gerstenmehl
3 g Weinsteinback-
pulver
1 P. Salz
30 g Ahornsirup
1 TL Vanille
250 ml Hafermilch
30 ml Rapsöl

240 g Datteln,
entkernt

1. Backofen auf 200 °C vorheizen. Muffinblech mit Papier-förmchen auslegen oder mit Öl einpinseln und bemehlen.

2. Gerste zu feinem Mehl mahlen und mit Backpulver und Salz versieben. Ahornsirup, Vanille, Hafermilch und Öl verrühren.

3. Die feuchten Zutaten zu den trockenen geben, alles rasch mit einem Löffel vermengen.

4. Teig in die Muffinförmchen füllen und auf mittlerer Schiene ca. 20 Min. backen. Stäbchenprobe machen.

5. In der Zwischenzeit die entkernten Datteln mit Wasser be-decken und 15 Min. leicht köcheln lassen. Mit Stabmixer fein pürieren und über die Muffins geben.

Vanillemuffins mit Schokoladentopping
6 Stück

20 g Puddingpulver, Vanillegeschmack
250 ml Mandelmilch
1 EL Vollrohrzucker, gemahlen

130 g Dinkelvollkornmehl, fein gemahlen
5 g Weinsteinbackpulver
1 TL Natron
1 P. Salz
100 ml Reismilch
½ TL Apfelessig
75 g Agavensirup
½ TL Vanille
½ TL Zitronenschale
1 Msp. Ingwer, gemahlen
40 ml Rapsöl

100 ml Mandelcuisine
50 g Schokolade, 70 %

1. Pudding nach Anleitung kochen, in eine Schüssel geben und in den Kühlschrank stellen. Immer wieder durchrühren.

2. Backofen auf 180 °C vorheizen. Muffinblech vorbereiten, mit Öl einstreichen und bemehlen.

3. Mehl mit Backpulver, Natron und Salz versieben.

4. Apfelessig in die Reismilch geben und 10 Min. stehen lassen, dann mit Öl verquirlen.

5. Sirup mit den Gewürzen verrühren.

6. Mit einem Löffel alle Zutaten zügig miteinander vermengen. Die Förmchen 3/4 voll mit Teig befüllen.

7. Auf mittlerer Schiebeleiste ca. 18–20 Min. backen. Stäbchenprobe nicht vergessen!

8. Aus der Form nehmen und auskühlen lassen.In die Mitte der Muffins mit einem kleinen Löffel eine Öffnung schneiden, diese mit dem Finger etwas vertiefen und mit Vanillepudding füllen.

9. Für das Topping die Mandelcuisine aufkochen, vom Herd nehmen und die Schokolade darin schmelzen. Etwas abkühlen lassen und mit einem Löffel über die Muffins geben.

Muffins mit Schokoladenfüllung
und Orangeneis

8 Stück

100 g Schokolade, 80%
70 ml Mandelcuisine
1 TL Kokosöl, nativ

350 g Vanilleeis, vegan
50 ml Orangensaft
1+1 EL Orangenschale
1 EL Cointreau
(optional)

180 g Vollkornmehl, fein gemahlen (Dinkel oder Weizen)
10 g Weinsteinbackpulver
1 P. Salz
90 g Vollrohrzucker, fein gemahlen
1 TL Orangenschale
1 Orange, Saft
60 g Nüsse, gemahlen
50 ml Mandelmilch
5 g Leinsamen, gemahlen in 50 ml Wasser
25 ml Rapsöl

1. Für den Schokoladenkern Mandelcuisine aufkochen, zerkleinerte Schokolade einrühren und Kokosöl einrühren. Vom Herd ziehen und die Schokolade auf 8 kleine Aluförmchen verteilen (Pralinenförmchen). In den Gefrierschrank stellen.

2. Vanilleeis leicht antauen lassen (5 Min.), mit Orangensaft, 1 EL Orangenschale und Cointreau aufschlagen. In den Eisbehälter zurückgeben und in den Gefrierschrank zurückstellen.

3. Backofen auf 190 °C vorheizen. Muffinblech mit Papierförmchen auslegen oder mit Öl ausstreichen und bemehlen.

4. Mehl mit Backpulver und Salz versieben, Zucker mit Nüssen und Orangenschale mischen.

5. Leinsamen ca. 5 Min. im Wasser quellen lassen, dann mit Öl und Orangensaft verquirlen.

6. Alle Zutaten zügig mit einem Löffel verrühren. Schoko aus den Förmchen drücken. Muffinformen mit 1 El Teig füllen, Schoko mittig hineinsetzen und mit Teig dreiviertel hoch auffüllen.

7. Auf mittlerer Schiene auf dem Rost 20–25 Min. backen. Stäbchenprobe machen. Abkühlen lassen und aus der Form nehmen. Eventuell in eine neue Manschette geben.

8. Eis aus dem Gefrierfach nehmen, portionieren und mit Orangenschale dekorieren. Mit den Muffins anrichten.

Schokoladenmuffins
mit Maronikern und Granatapfelsauce

6 Stück

100 g Maroni, geschält
(aus Packung)
½ TL Vanille
50 ml Mandelmilch

150 g Vollkornmehl,
fein (Dinkel oder
Weizen)
6 g Weinstein-
backpulver
1 P. Salz
6 g Leinsamen,
gemahlen in 50 ml
Wasser
50 ml Rapsöl (oder
anderes neutrales Öl)
150 ml Mandelmilch
100 g Ahornsirup
18 g Kakao
½ TL Vanille
1 Msp. Nelkenpulver

1 Granatapfel
30 g Ahornsirup
1 Zimtstange
½ TL Vanille
1 TL Speisestärke
(Pfeilwurzel- , Mais-)
200 ml Rotwein oder
roter Traubensaft

1. Backofen auf 190 °C vorheizen. Cupcakeförmchen mit Öl ausstreichen und bemehlen.

2. Mandelmilch mit Maroni und Vanille aufkochen und auf kleinster Flamme ca. 5 Min. ziehen lassen. Mit Stabmixer pürieren und 6 kleine Kugeln aus der Masse formen. 30 Min. in das Tiefkühlfach geben.

3. Mehl mit Backpulver und Salz versieben.

4. Leinsamen ca. 5 Min. im Wasser quellen lassen, dann mit Öl und Mandelmilch verquirlen.

5. Alle Zutaten mit einem Löffel zügig verrühren. Förmchen bis zur Hälfte mit Teig befüllen, eine Maronikugel hineingeben und mit Teig noch bis 1 cm unter den Rand auffüllen.

6. Auf mittlerer Schiene auf dem Gitterrost ca. 20 Min. backen. Stäbchenprobe machen ! Etwas auskühlen lassen und aus der Form nehmen.

7. Für die Granatapfelsauce den Granatapfel teilen und vorsichtig die Kerne samt Saft, aber ohne weiße Häutchen, herauspulen. Ca. 100 g davon abwiegen. Wein mit Ahornsirup, Zimtstange und Vanille 3–4 Min. köcheln lassen. Stärke mit 2 EL Wasser vermengen und in den Wein einrühren. Nochmals unter Rühren aufkochen, etwas eindicken lassen und die Granatapfelkerne dazugeben.

8. Mit den Cupcakes zusammen anrichten.

Ahornsirup-Nusscupcakes
mit Heidelbeerragout

4–6 Stück

2150 g Vollkornmehl,
fein gemahlen (Dinkel
oder Weizen)
5 g Weinstein-
backpulver
1 P. Salz
5 g Leinsamen,
gemahlen in 30 ml
Wasser
30 ml neutrales Öl
60 g Ahornsirup
1 TL Zitronenschale
50 g Nüsse, klein
gehackt
175 ml Mandelmilch

180 g Heidelbeeren
5 g Pfeilwurzel- oder
Maisstärke
30 g Ahornsirup
2 EL Limettensaft

1. Backofen auf 200 °C vorheizen. 4–6 Backförmchen (je nach Größe) mit Öl einstreichen und bemehlen.

2. Mehl mit Backpulver und Salz versieben.

3. Leinsamen ca. 5 Min. im Wasser quellen lassen, dann mit dem Öl verquirlen.

4. Alle Zutaten zügig mit einem Löffel verrühren und den Teig auf die Förmchen verteilen.

5. In der Mitte des Backrohrs ca. 25 Min. backen. Stäbchenprobe machen.

6. Für das Ragout Heidelbeeren mit den restlichen Zutaten gut vermengen und aufkochen lassen. Auf kleinster Hitze unter Rühren noch 5 Min. köcheln lassen. Über die noch warmen Törtchen verteilen und kurz in den Kühlschrank stellen.

Orangen-Mousse-Törtchen

6 Servierringe, Durchmesser 6 cm

100 g Vollkornmehl, fein gemahlen (Dinkel oder Weizen)
4 g Weinsteinbackpulver
1 P. Salz
30 g Vollrohrzucker, fein gemahlen
½ TL Vanille
½ TL Orangenschale
15 g Kakao
3 g Leinsamen, gemahlen in 30 ml Wasser
25 ml Rapsöl
30 ml Mandelcuisine

Mousse:

70 g Cashewkerne
400 ml Kokosmilch (Dose)
120 ml Reismilch
120 g Vollrohrzucker, fein gemahlen
1 TL Vanille
1 TL Agar-Agar
2 EL Orangenschale
3 EL Kokosöl, nativ
120 ml Orangensaft, frisch gepresst
2 TL Cointreau (optional)

1. Cashews über Nacht in Wasser einweichen.

2. Für die Törtchen Mehl mit Backpulver und Salz versieben, Zucker mit Vanille, Orangenschale und Kakao mischen. Leinsamen 5 Min. im Wasser quellen lassen, dann mit Öl und Mandelcuisine verquirlen.

3. Alle Zutaten miteinander vermengen und auf einer bemehlten Arbeitsfläche zu einem Teig verkneten. Sollte er zu bröselig sein, esslöffelweise eiskaltes Wasser einkneten,wenn zu klebrig, noch etwas Mehl dazugeben. In Folie wickeln und 1 Stunde im Kühlschrank ruhen lassen.

4. Backofen auf 200 °C vorheizen, Backblech mit Backpapier auslegen. Teig auf bemehlter Arbeitsfläche ca. 1½ cm dick ausrollen und auf das Backblech transferieren. Auf mittlerer Schiene 18–20 Min. backen. Auf Blech auskühlen lassen, dann mit den Servierringen 6 kleine Tortenböden ausstechen, dabei Ringe mit Böden jeweils auf einen kleinen Teller setzen.

5. Für den Belag Cashews abgießen, mit reichlich frischem Wasser abspülen und mit der Kokosmilch in ein hohes Mixgefäß geben. Mit dem Stabmixer zu einer glatten Masse pürieren.

6. Reismilch mit Zucker, Vanille, Agar-Agar und Orangenschale verrühren und in einem kleinen Topf unter Rühren aufkochen. Etwa 5 Min. auf niedrigster Temperatur köcheln lassen, dann das Kokosöl einrühren. Die noch heiße Flüssigkeit zur Cashew-Kokossahne geben und gut mixen. Zuletzt Orangensaft und Cointreau einmixen.

7. Die Creme in die Servierringe gießen (dabei auf dem Teller stehen lassen). Etwas anziehen lassen, dann alles vorsichtig für mindestens 5 Stunden in den Kühlschrank stellen.

8. Vor dem Servieren die Servierringe vorsichtig entfernen (notfalls mit einem Messer nachhelfen) und anrichten. Nach Belieben mit etwas Orangenschale garnieren.

Tartelettes
mit Kokossahne und Johannisbeeren
8 Tartelletesförmchen, Durchmesser 10 cm

220 g Vollkornmehl, fein gemahlen (Dinkel oder Weizen)
1 P. Salz
80 g Vollrohrzucker, gemahlen
85 ml Kokosöl, kaltgepresst
ca. 6 EL Wasser, eiskalt

Kokossahne (siehe Rezept Seite 8)
200 g Johannisbeeren

1. Mehl, Salz und Zucker mischen, Kokosöl langsam dazugeben und mit den Fingern mit dem Mehlgemisch verreiben.

2. Esslöffelweise Wasser einkneten bis der Teig gut zusammenhält, aber auch nicht klebt. 1 Stunde, in Folie gewickelt, in den Kühlschrank geben.

3. Förmchen mit Öl auspinseln, Teig in 8 Portionen teilen und gut in die Förmchen drücken (auch auf den Rand achten). In kleinen Abständen den Teig mit einer Gabel pieksen. Tartelettes für 1 Stunde ins Gefrierfach stellen.

4. Kokossahne laut Rezept zubereiten und in den Kühlschrank stellen

5. Backofen auf 190 °C vorheizen. Förmchen auf ein Backblech stellen und auf mittlerer Schiene ca. 10 Min. hellbraun backen. Auskühlen lassen und aus der Form nehmen.

6. Mit Kokossahne befüllen und reichlich mit verlesenen, frischen Johannisbeeren belegen.

Erdbeertorte
Tortenform, Durchmesser 16 cm

200 g Vollkornmehl, fein gemahlen (Dinkel oder Weizen)
1 Pckg. Weinsteinbackpulver (17 g)
1 P. Salz
100 g Vollrohrzucker, fein gemahlen
1 TL Vanille
1 TL Zitronenschale
8 g Leinsamen, gemahlen in 60 ml Wasser
45 ml Rapsöl oder anderes neutrales Öl
160 ml Reismilch

100 g Haselnüsse, gemahlen
250 g Erdbeeren, frisch
veganer Tortenguss, klar (optional)

1. Backofen auf 180 °C vorheizen. Backpapier zwischen Boden und Rand einer Tortenspringform spannen.

2. Mehl mit Backpulver und Salz versieben., Zucker mit Vanille und Zitronenschale mischen.

3. Leinsamen ca. 5 Min. im Wasser quellen lassen, dann mit dem Öl und der Milch verquirlen.

4. Alle Zutaten zügig mit einem Löffel verrühren. Teig in die Tortenform geben und zum Rand hin etwas höher ausstreichen, damit in der Mitte kein „Buckel" entsteht.

5. Auf mittlerer Schiene ca. 25–30 Min. backen. Stäbchenprobe machen. Torte auskühlen lassen, Ring entfernen und Papier abziehen.

6. Für das Nussmus die Haselnüsse so lange mit dem Stabmixer bearbeiten bis ein glattes Mus entsteht. Nach Geschmack etwas nachsüßen. Auf Tortenoberfläche streichen und mit den Erdbeeren schön belegen. Eventuell mit veganem Tortenguss überziehen.

Nusstorte
Kuchenform, Durchmesser 16 cm

180 g Vollkornmehl, fein gemahlen (Dinkel oder Weizen)
12 g Weinsteinbackpulver
1 P. Salz
8 g Leinsamen, gemahlen in 50 ml Wasser
40 ml Rapsöl oder Maiskeimöl
200 ml Mandelmilch
50 g Schokolade, 70%
180 g Nüsse, gemahlen
100 ml Ahornsirup
1 TL Vanille

200 g Nougat (siehe Rezept Seite 12)
50 g Schokolade
100 g Aprikosenmarmelade (siehe Rezept Seite 7)
150 g Mandelblättchen

1. Backofen auf 190 °C vorheizen. Backpapier zwischen Boden und Tortenform spannen, überstehendes Papier wegschneiden. Rand mit Öl einpinseln und mit Mehl bestäuben.

2. Mehl mit Backpulver und Salz versieben.

3. Leinsamen im Wasser ca. 5 Min. quellen lassen und mit Öl und Mandelmilch verrühren.

4. Schokolade über Wasserbad schmelzen.

5. Alle Zutaten zügig mit einem Löffel verrühren und in die vorbereitete Form füllen. Glattstreichen, besonders zum Rand hin , damit die Torte gleichmäßig aufgeht.

6. Auf der 2. Schiebeleiste von unten ca. 40–45 Min. backen. Stäbchenprobe ca. 10 Min. vor Ende der Backzeit machen, weiterbacken, bis keine feuchten Krümel mehr am Stäbchen haften bleiben.

7. Nougat nach Rezept zubereiten, diesen über Wasserbad erweichen und noch zusätzlich die 50 g Schokolade mitschmelzen lassen. Gut miteinander verrühren.

8. Torte auskühlen lassen, aus der Form nehmen und Papier abziehen (ist Oberseite der Torte). Torte in der Mitte durchschneiden, mit Aprikosenmarmelade bestreichen und zusammensetzen. Obenauf und rundum mit Marmelade dünn einstreichen und mit dem Schokoladennougat überziehen. Schmeckt auch ohne Schokonougat gut, dann nur in der Mitte Marmelade verwenden.

Schokoladentorte Sacher Art

Kuchenform, Durchmesser 22 cm

300 g Vollkornmehl,
fein gemahlen
(Dinkel oder Weizen)
1 Pckg. Weinstein-
backpulver (17 g)
1 P. Salz
12 g Leinsamen,
gemahlen in 80 ml
Wasser
120 ml Rapsöl
325 ml Mandelmilch
oder Reismilch
200 g Ahornsirup
2 TL Vanille
40 g Kakao
1 EL Rum

100 g Aprikosen-
marmelade
120 g Schokolade,
80%
60 g Kakaobutter
75 g Mandeln,
gemahlen

1. Backofen auf 190 °C vorheizen. Backpapier zwischen Boden und Reifen der Tortenform spannen.

2. Mehl mit Backpulver und Salz versieben.

3. Leinsamen ca. 5 Min. im Wasser quellen lassen, dann mit Öl und Mandelmilch gut verrühren.

4. Alle Zutaten zügig mit einem Löffel verrühren und in die Form füllen. Glattstreichen, besonders zum Rand hin, damit sich die Torte nicht in der Mitte wölbt.

5. Auf der 2. Schiebeleiste von unten ca. 50–60 Min. backen. Stäbchenprobe nach etwa 50 Min. machen. Wenn das Stäbchen noch teigig herauskommt, weiterbacken und Stäbchenprobe wiederholen.

6. Torte auskühlen lassen, aus der Form nehmen und Backpapier abziehen (ist Oberseite der Torte). Torte halbieren, mit heißer Aprikosenmarmelade bestreichen und wieder zusammensetzen.

7. Oberfläche und rundum ebenfalls mit Aprikosenmarmelade dünn einstreichen. Schokolade über Wasserbad erweichen und langsam die Kakaobutter einarbeiten. Torte mit Glasur überziehen und Rand mit gemahlenen Mandeln einstreuen.

Espresso-Mousse-Torte

Tortenform, Durchmesser 16 cm

140 g Vollkornmehl, fein gemahlen (Dinkel oder Weizen)
4 g Weinsteinbackpulver
1 P. Salz
60 ml Rapsöl
10 g Leinsamen, gemahlen in 30 ml Wasser
8 g Bohnenkaffee, löslich in 50 ml Wasser
50 g Mandeln, gemahlen
5 g Kakao
1 TL Vanille
50 g Ahornsirup

Mousse:

130 g Vollrohrzucker, fein gemahlen
1 TL Vanille
½ TL Zimt, gemahlen
10 g Bohnenkaffee, löslich
1 TL Agar- Agar
250 ml Reismilch
400 ml Kokosmilch (Dose)
80 g Cashewkerne, über Nacht eingeweicht

1. Cashews über Nacht einweichen. Boden der Springform mit Öl einstreichen und bemehlen. Rand der Form mit einem Backpapierstreifen auskleiden.

2. Mehl mit Backpulver und Salz versieben, dann mit dem Öl verreiben (mit den Fingern). Leinsamen 5 Min. im Wasser quellen lassen, Kaffeepulver im Wasser auflösen. Mandeln mit Kakao und Vanille mischen.

3. Alle Zutaten auf einer bemehlten Arbeitsfläche gut miteinander verkneten. Sollte der Teig zu bröselig sein, esslöffelweise kaltes Wasser einkneten,wenn zu klebrig, noch etwas Mehl dazugeben. In Folie wickeln und 2 Stunden im Kühlschrank rasten lassen.

4. Backofen auf 200 °C vorheizen. Teig auf der bemehlten Arbeitsfläche rund ausrollen (im Durchmesser größer als der Tortenboden, da der Rand mitgerechnet werden muss), und in die Form legen. Das gelingt gut, wenn man den Teig über den Teigroller legt und dann über der Tortenform abrollt. Teig über den Rand möglichst gleichmäßig hochziehen und festdrücken. Den gesamten Teig mit einer Gabel in kleinen Abständen pieksen. Auf mittlerer Schiene auf dem Gitterrost ca. 15 Min. backen. Aus dem Ofen nehmen und in der Form abkühlen lassen.

5. Für den Belag die Cashewkerne gut mit kaltem Wasser abspülen und in ein hohes Gefäß geben. Grob mit dem Stabmixer zerkleinern, Kokosmilch angießen und alles zu einer glatten Masse pürieren. Zucker mit Vanille, Kaffeepulver, Zimt und Agar- Agar mischen und in die Reismilch einrühren. Gemisch in einem kleinen Topf unter Rühren aufkochen und 5 Min.auf kleinster Flamme köcheln lassen. Die noch heiße Flüssigkeit sofort gründlich mit der Cashew- Kokossahne mixen.

6. Masse in den Tortenboden füllen (bleibt in der Form) und für 5 Stunden in den Kühlschrank stellen. Aus der Form nehmen und Randpapier abziehen.

Obstkuchenherzen

4 Herzformen mit herausnehmbarem Boden, ⌀ 10 cm
oder 1 Tortenform, ⌀ 16 cm

150 g Vollkornmehl,
fein gemahlen
(Dinkel oder Weizen)
1 P. Salz
130 g Getreideflocken
1 Orange,
Saft und Fruchtfleisch
1 Zitrone, Saft
420 g Obst,
frisch und gemischt
(z.B. Erdbeeren,
Pfirsiche, Aprikosen,
Trauben,
Himbeeren,...)
35 g Cranberries,
getrocknet
35 g Rosinen
½ TL Vanille
35 g Kokosflocken,
getrocknet
80 g Nüsse,
grob gehackt
125 g Maiskeimöl oder
anderes neutrales Öl

1. Backofen auf 160 °C vorheizen. Backpapier zwischen Boden und Rand der Förmchen festspannen oder mit Öl einstreichen und bemehlen.

2. Mehl mit Salz versieben und mit den Flocken mischen.

3. Zitronensaft auspressen, Orange schälen und zerkleinern, dabei den Saft auffangen. Obst waschen, entkernen, zerkleinern und in einer grossen Schüssel zerdrücken und mischen.

4. Trockenfrüchte vermengen und mit der Vanille zu den frischen Früchten geben.

5. Alle Zutaten zügig mit einem Löffel mischen, der Teig sollte weich und leicht krümelig sein.

6. Backformen bis 1 cm unter den Rand befüllen und auf der 2. Schiebeleiste von unten auf dem Rost ca. 40–45 Min. backen. Stäbchenprobe machen. In den Formen 10 Min. auskühlen lassen, dann herausnehmen.

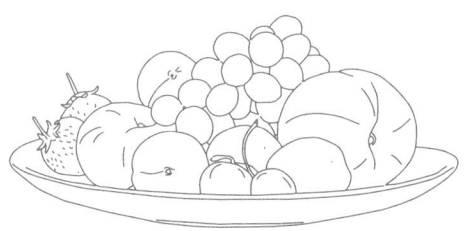

Apfel-Zimtschnitten
mit Nuss-Cashewsahne

1 Backblech

300 g Vollkornmehl, fein gemahlen (Dinkel oder Weizen)
12 g Weinsteinbackpulver
1 P. Salz
80 g Vollrohrzucker, fein gemahlen
1 TL Vanille
½ TL Zitronenschale
5 g Leinsamen, gemahlen in 50 ml Wasser
60 ml Rapsöl oder anderes neutrales Öl
125 ml Mandelmilch

1 kg Äpfel für Apfelmus (siehe Rezept Seite 9)
200 g Nüsse für Nussmus (siehe Rezept Seite 10)
200 g Cashews für Cashewsahne (siehe Rezept Seite 7)

1. Apfelmus, Nussmus und Cashewsahne nach Rezepten zubereiten.

2. Mehl mit Backpulver und Salz versieben, Zucker mit Vanille und Zitronenschale mischen.

3. Leinsamen 5 Min. im Wasser quellen lassen, dann mit dem Öl und der Mandelmilch verquirlen.

4. Alle Zutaten zu einem Teig verkneten. Wenn er zu bröselig ist, löffelweise Wasser unterkneten, wenn zu klebrig, etwas Mehl. In Folie wickeln und 1 Stunde im Kühlschrank ruhen lassen.

5. Backofen auf 180 °C vorheizen. Backblech mit Backpapier auslegen.

6. Auf einem bemehlten Backbrett Teig in Backblechgröße ausrollen, Teig über Teigroller geben und auf dem Backblech abrollen. Fläche mit Apfelmus bestreichen.

7. Auf mittlerer Schiene 25 Min. backen. Nussmus mit Cashewsahne gut verrühren. Kuchen aus dem Backofen nehmen, mit der Nussmasse bestreichen und nochmals 10 Min. weiterbacken. aus dem Rohr nehmen, abkühlen lassen und in Stücke schneiden.

Apfel-Karottenkuchen

4 Förmchen, Durchmesser 11 cm

150 g Vollkornmehl, fein gemahlen (Dinkel oder Weizen)
7 g Weinstein-backpulver
1 P. Salz
8 g Leinsamen, gemahlen in 100 ml Wasser
150 ml Rapsöl
60 g Walnüsse
150 g Apfel
80 g Karotte
145 g Vollrohrzucker, fein gemahlen
1 TL Zimt
1 P. Ingwer, gemahlen
50 g Sesam und Sonnenblumenkerne zum Bestreuen

1. Backofen auf 180 °C vorheizen. Förmchen mit Öl ausstreichen und bemehlen.

2. Mehl mit Backpulver und Salz versieben.

3. Leinsamen im Wasser ca. 5 Min. quellen lassen und mit dem Öl verquirlen.

4. Walnüsse hacken, Apfel und Karotte reiben.

5. Zucker mit Gewürzen mischen, dann alle Zutaten rasch mit einem Löffel vermengen.

6. Teig auf die Förmchen verteilen und mit Sesam und gehackten Sonnenblumenkernen bestreuen.

7. Auf mittlerer Schiene auf dem Rost ca. 50–60 Min. backen. Stäbchenprobe machen. Auskühlen lassen und aus den Förmchen nehmen.

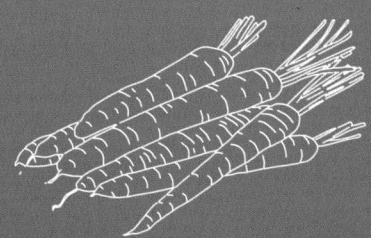

Pfirsich-Himbeerschokokuchen

Tarteform mit herausnehmbarem Boden, Durchmesser 28 cm

150 g Vollkornmehl, fein gemahlen (Dinkel oder Weizen)
70 g Roggenvollkornmehl
1 Pckg. Weinsteinbackpulver (17 g)
170 g Mandeln, gemahlen
20 g Kakaopulver
½ TL Nelkenpulver
1 Msp. Zimt, gemahlen
1 Msp. Koriander, gemahlen
8 g Leinsamen, gemahlen in 50 ml Wasser
50 ml Rapsöl
250 ml Mandelmilch
2 TL Apfelessig
80 g Ahornsirup

5 EL Vollkornbrösel

500 g Pfirsiche
150 g Himbeeren
75 g Mandelblättchen, optional

1. Backofen auf 200 °C vorheizen. Tarteform mit Öl ausstreichen und bemehlen.

2. Mehle mit Backpulver und Salz versieben, Mandeln mit Kakao und Gewürzen mischen.

3. Leinsamen 5 Min. im Wasser quellen lassen, dann mit dem Öl verquirlen.

4. Milch mit dem Apfelessig verrühren und 10 Min. stehen lassen.

5. Alle Zutaten gemeinsam mit dem Ahornsirup zügig mit einem Löffel verrühren. Teig in die vorbereitete Form füllen, gut ausstreichen und mit Bröseln bestreuen.

6. Pfirsiche kreuzweise einschneiden, in eine Schüssel geben und mit kochendem Wasser übergießen. Nach 5 Min. die Haut abziehen. Früchte halbieren und entsteinen und den Kuchen mit Himbeeren und Pfirsichen belegen.

7. Auf mittlerer Schiebeleiste auf dem Gitterrost 30 Min. backen. Leicht bezuckern und nach Wunsch mit Mandelblättchen bestreuen. Man kann den Kuchen auch 10 Min. vor Ende der Backzeit mit den Mandelblättchen bestreuen und diese mitbacken.

Marmorkuchen
Kuchenform, Durchmesser ca. 22 cm

250 g Vollkornmehl,
fein gemahlen
(Dinkel oder Weizen)
8 g Weinstein-
backpulver
1 P. Salz
1 TL Apfelessig
250 ml Mandelmilch
10 g Leinsamen,
gemahlen in 50 ml
Wasser
70 ml Rapsöl
130 g Vollrohrzucker,
fein gemahlen
1 TL Vanille
½ TL Zitronenschale
15 g Kakao,
in 3 EL heißem Wasser
verrührt

1. Backofen auf 190 °C vorheizen. Kuchenform mit Öl ausstreichen und bemehlen.

2. Mehl mit Backpulver und Salz versieben.

3. Essig in Mandelmilch einrühren und 10 Min. stehen lassen.

4. Leinsamen ca. 5 Min. im Wasser quellen lassen und mit dem Rapsöl verrühren.

5. Zucker mit Vanille und Zitronenschale mischen.

6. Alle Zutaten mit einem Löffel zügig miteinander verrühren. Die Hälfte des Teiges in die vorbereitete Form füllen. Restlichen Teig mit Kakao gut vermengen und ebenfalls in die Form geben.

7. Auf der 2. Schiebeleiste von unten ca. 45 Min. backen. Wenn bei der Stäbchenprobe (siehe allgemeiner Teil) das Stäbchen sauber bleibt, ist der Kuchen fertig. Etwas abkühlen lassen und aus der Form auf einen Kuchenteller stürzen.

Mohnkranzkuchen
Kuchenform, Durchmesser ca. 22 cm

250 ml Mandelmilch
150 g Mohn, gemahlen
150 g Dinkelvollkorn-
mehl, fein gemahlen
1 Pckg. Weinstein-
backpulver (ca. 17 g)
1 P. Salz
120 g Vollrohrzucker,
fein gemahlen
1 TL Vanille
1 TL Orangenschale
25 ml Rapsöl

1. Backofen auf 200 °C vorheizen. Backform mit Öl ausstreichen und mit Mehl bestäuben.

2. Milch und Mohn verrühren und 15 Min. quellen lassen.

3. Mehl mit Backpulver und Salz versieben. Zucker mit Vanille und Orangenschale mischen.

4. Alle Zutaten gemeinsam mit dem Rapsöl zügig miteinander mit einem. Löffel verrühren und in die vorbereitete Form geben.

5. Auf der 2. Schiebeleiste von unten ca. 35–40 Min. backen. Stäbchenprobe (siehe allgemeiner Teil) machen! Kuchen überkühlen lassen und auf einen Kuchenteller aus der Form stürzen.

Bananen-Nussbrot

Kastenform, 30 cm mal 12 cm

130 g Vollkornmehl, fein gemahlen (Dinkel oder Weizen)
½ TL Natron
1 P. Salz
5 g Leinsamen, gemahlen in 50 ml Wasser
60 g Ahornsirup
1 TL Zitronenschale
40 g Korinthen
40 g Nüsse, klein gehackt
250 g Bananenmus
60 ml Rapsöl

1. Backofen auf 180 °C vorheizen. Kastenform mit Öl einstreichen und bemehlen.

2. Mehl mit Natron und Salz versieben.

3. Leinsamen im Wasser ca. 5 Min. quellen lassen und mit dem Öl verquirlen.

4. Bananenmus mit Ahornsirup, Zitronenschale, Korinthen und Nüssen vermengen.

5. Alle Zutaten zügig mit einem Löffel verrühren.

6. Teig in die vorbereitete Form füllen und auf der 2. Schiebeleiste von unten auf dem Rost ca. 40 Min. backen. Stäbchenprobe machen. Etwas auskühlen lassen und aus der Form nehmen.

Roggen-Gerstenschrotbrot
1 Brotlaib

600 g Weizenvollkorn-
mehl, fein gemahlen
300 g Roggenvollkorn-
mehl
100 g Gerstenflocken
2 TL Salz
2 Pckg. Trockenhefe
(14 g)
2 Msp. Koriander,
gemahlen
1 TL Kümmel
30 g Sauerteigextrakt
ca. 500 ml Wasser,
lauwarm
1 EL Maiskeimöl
Mehl zum Kneten

1. Mehle, Gerstenflocken, Salz, Gewürze und Hefe mischen.

2. Wasser mit Öl verquirlen und mit dem Sauerteig zu dem Mehlgemisch geben.

3. Auf einem bemehlten Arbeitsbrett die Zutaten zu einem Teig verkneten. Immer wieder wenig Mehl auf die Arbeitsfläche streuen und so lange kneten, bis ein elastischer, trockener Teig entstanden ist.

4. Teig in eine große Schüssel geben und zugedeckt an einem warmen Ort ruhen lassen, bis sich sein Volumen verdoppelt hat. Nochmals durchkneten und einen Laib formen.

5. Backofen auf 180 °C vorheizen. Backblech mit Backpapier auslegen und den Teiglaib darauf legen. Mit einem scharfen Messer ca. 1 cm tief die Oberfläche längs und quer einschneiden. Zudecken und nochmals 30 Min. gehen lassen.

6. Backofenfeste Schale mit Wasser auf den Boden des Backofens stellen. Backblech in die Mitte des Backrohrs schieben und ca. 80 Min. backen. Oberfläche des Brotes 2–3 mal während des Backens mit Wasser bestreichen.

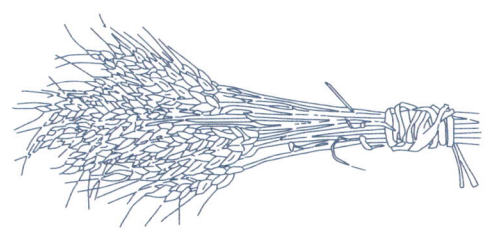

Reis-Quinoabrot

Kastenform, 30 cm mal

100 g brauner Reis
90 g Quinoa
300 g Vollkornmehl,
fein gemahlen
(Dinkel oder Weizen)
1 Pckg. Trockenhefe
(7 g)
1 TL Salz
1 EL Ahornsirup
30 ml Olivenöl
150 ml
Reismilch, lauwarm
1 TL Fenchel,
getrocknet

1. Reis und Quinoa nach Anleitung kochen. Auskühlen lassen.

2. Mehl mit Hefe, Fenchel und Salz mischen, Ahornsirup mit Öl zur Milch geben und mit dem Mehl vermengen. Zugedeckt an einem warmen Ort 60 Min. gehen lassen.

3. Reis und Quinoa zum Vorteig geben und gut kneten, bei Bedarf noch Mehl unterkneten, der Teig sollte relativ weich bleiben. Zudecken und nochmals warm stellen, weitere 60 Min. ruhen lassen.

4. Backofen auf 180 °C vorheizen. Kastenform mit Öl ausstreichen und bemehlen.

5. Teig einfüllen und auf der 2. Schiebeleiste von unten auf dem Gitterrost 60 Min. backen. Stäbchenprobe machen. Aus dem Backofen nehmen, abkühlen lassen und aus der Form nehmen.

Kartoffel-Hirsebrötchen
mit Bohnenaufstrich

4-6 Stück

200 g Kartoffeln
100 g Hirse,
fein gemahlen
200 g Hartweizenmehl
1 TL Salz
1 Msp. Muskat,
gemahlen
½ TL Majoran,
getrocknet
1 Msp. Rosmarin,
getrocknet
1 Msp. Thymian,
getrocknet
1 Pckg. Trockenhefe
(7 g)
ca. 200 ml Wasser,
lauwarm

Bohnenaufstrich:
200 g Kidneybohnen,
abgetropft (Dose)
1 TL Olivenöl
4 g Hefeflocken
1 TL Bohnenkraut,
frisch oder getrocknet
Salz und Pfeffer

1. Kartoffeln in der Schale in leicht gesalzenem Wasser kochen, pellen und pressen.

2. Mit Hirsemehl, Hartweizenmehl, Salz und Gewürzen vermengen.

3. Hefe mit lauwarmem Wasser verrühren und mit den anderen Zutaten verkneten. Teig in eine Schüssel geben, mit Tuch bedecken und an einem warmen Platz ca. 1½ Stunden gehen lassen. Nochmals durchkneten.

4. Backofenfeste Förmchen mit Öl ausstreichen und bemehlen. Teig in Förmchen füllen (etwas mehr als halbvoll) , zudecken und nochmals 30 Min. gehen lassen.

5. Backofen auf 180 °C vorheizen und auf mittlerer Schiene 30 Min. backen.

6. Für den Aufstrich Bohnen mit Öl, Hefeflocken, Bohnenkraut, Salz und Pfeffer mit dem Stabmixer pürieren, Brötchen etwas aufbrechen und mit einem dicken Klecks Aufstrich bestreichen.

Maisbrötchen
mit Paprika-Tomaten-Chili
4–6 Stück

80 g Vollkornweizen-
mehl, fein gemahlen
4 g Weinsteinback-
pulver
½ TL Salz
140 g Maisschrot
30 g Ahornsirup
150 ml Reismilch
1/8 TL Chilipulver
1 TL Oregano,
getrocknet
5 g Leinsamen,
gemahlen in 30 ml
Wasser
30 ml Rapsöl oder
Olivenöl

**Paprika-Tomaten-
Chili:**
2 Schalotten, geschält
und gehackt
2 Knoblauchzehen,
geschält und gehackt
1 EL Olivenöl
1 rote Paprika, ent-
kernt und gewürfelt
2 Tomaten, gehäutet
und gewürfelt
½ TL Paprikapulver,
edelsüß
1 TL Apfelessig
50 ml Orangensaft
½ kleiner Apfel,
gerieben
1 TL Ahornsirup
2 Msp. Chiliflocken
Salz und Pfeffer

1. Backofen auf 200 °C vorheizen. 4–6 Backförmchen (je nach Größe) mit Öl einstreichen und bemehlen.

2. Mehl mit Backpulver und Salz versieben und mit Maisschrot und Gewürzen mischen.

3. Leinsamen ca. 5 Min. im Wasser quellen lassen, dann mit Öl, Ahornsirup und Reismilch verquirlen.

4. Alle Zutaten miteinander zügig mit einem Löffel verrühren und auf die vorbereiteten Förmchen verteilen.

5. Auf mittlerer Schiebeleiste 20–25 Min. backen. Stäbchen-probe nicht vergessen.

6. In der Zwischenzeit für das Paprika-Tomaten-Chili die Scha-lotten- und Knoblauchwürfel in Öl goldgelb anbraten. Paprika und Tomaten dazugeben. Mit Paprikapulver stäuben und mit Essig und Orangensaft ablöschen. Etwa 5 Min. köcheln lassen, den geriebenen Apfel unterziehen und mit Ahornsirup, Salz, Chili und Pfeffer würzig abschmecken. Mit dem Stabmixer fein pürieren und zu den Küchlein servieren.

Register

Impressum

© Neun Zehn Verlag Walter Unterweger
Kreuzstraße 21, 13187 Berlin-Germany
www.neunzehn-verlag.de

1. Auflage 2015
ISBN 978-3-942491-47-1
Printed 2015

Rezepte: Kristina Unterweger
Photographie: W. Dullacher

Satz: Satz- & Verlagsservice Ulrich Bogun
Illustrationen: Nessa Horn